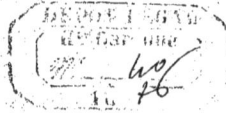

CHAMBRE DE COMMERCE DE TOULOUSE

LOI

SUR LES

SOCIÉTÉS PAR ACTIONS

RAPPORT

PRÉSENTÉ

Par M. Jean MONTANO

Membre de la Chambre de Commerce.

TOULOUSE

IMPRIMERIE DOULADOURE-PRIVAT

RUE SAINT-ROME, 39

1886

CHAMBRE DE COMMERCE DE TOULOUSE

LOI

SUR LES

SOCIÉTÉS PAR ACTIONS

RAPPORT

PRÉSENTÉ

Par M. Jean MONTANO

Membre de la Chambre de Commerce.

TOULOUSE

IMPRIMERIE DOULADOURE-PRIVAT

RUE SAINT-ROME, 39

1886

LOI

SUR LES

SOCIÉTÉS PAR ACTIONS

Rapport présenté par M. Jean MONTANO, au nom de
la Commission d'Économie et de Législation,
composée de MM. OZENNE, DEFFÈS, MANUEL,
MONTANO et MILLAS :

MESSIEURS,

Par sa lettre du 22 octobre dernier, M. le Ministre du commerce vous a exprimé le désir de connaître l'opinion de la Chambre au sujet du projet de loi sur les Sociétés par actions, adopté
par le Sénat le 29 novembre 1884 et déposé à la Chambre des
députés le 2 février suivant.

La Commission à laquelle vous avez renvoyé l'étude de ce projet de loi vient vous faire part du résultat de son examen et en
soumettre les conclusions à vos délibérations. Sa tâche, elle doit
le dire, est singulièrement simplifiée, puisqu'elle n'a à émettre

son avis qu'après avoir pu prendre connaissance des travaux aussi complets que soigneusement étudiés auxquels a donné lieu l'élaboration du projet de loi.

Votre Commission a trouvé, en premier lieu, pour l'initier à ces délicates matières, le rapport de la Commission extra-parlementaire, présenté à l'appui du projet; une discussion juridique, présentée sous une forme claire et facile, y précède et motive chacune des décisions proposées; et ce n'est pas sans une satisfaction bien vive que, sensibles à tout ce qui confirme le légitime renom scientifique de notre ville, nous avons vu ce remarquable travail, signé de M. Arnault, l'un des plus sympathiques professeurs de notre Faculté de Droit.

Elle a eu ensuite à étudier le rapport présenté, au nom de la Commission du Sénat chargée d'examiner le projet de loi, par M. le sénateur Bozérian, qui a traité les diverses questions intéressant les Sociétés avec la netteté et la hauteur de vues qui caractérisent les œuvres de ce jurisconsulte.

Nous avons pu, enfin, suivre la discussion qui s'est produite au Sénat sur le texte de la Commission, et y trouver d'intéressants aperçus.

Sauf l'interversion des matières, le projet de loi ne présente pas un texte différent de celui de la loi de 1867, dont il emprunte les divisions; il le modifie en certaines parties et y ajoute, notamment en ce qui concerne les dispositions relatives aux obligations. Nous verrons, tout à l'heure, les droits nouveaux conférés aux obligataires ou, pour mieux dire, la forme nouvelle sous laquelle ils pourront exercer leurs droits de créanciers hypothécaires ou chirographaires, ce qui est à nos yeux, avec les dispositions de l'article 5, la partie la plus saillante et la plus intéressante du projet.

Vous avez tous une assez complète connaissance de la loi de 1867 pour qu'il nous suffise de relater seulement les différences notables existant entre l'ancien texte et le projet.

L'article 3 du projet de loi admet l'émission d'actions de 50 francs pour les Sociétés dont le capital n'excédera pas 100,000 francs, et de 100 francs pour celles dont le capital ne dépassera pas 200,000 francs. Nous ne voyons pas d'inconvénient à l'organisation de Sociétés anonymes à faible capital; il nous paraît seulement désirable que, comme l'a proposé M. le sénateur Tolain au cours de la discussion, il soit réclamé le versement intégral immédiat pour les actions inférieures à 500 francs. Ce même article 3 exige des fondateurs des Sociétés l'indication du lieu où le montant des versements a été déposé; les versements devront avoir lieu désormais en espèces. Cette dernière condition nous paraît rigoureuse. La jurisprudence admettait jusqu'ici les versements en compensation; peu doit importer, si le versement se fait en espèces, par virement de compte, par chèque, etc., etc.; le tout est qu'il soit effectué réellement; les espèces ne sont plus le seul moyen de circulation des valeurs.

Par l'article 4 et sous peine de responsabilités civiles ou pénales, tout document servant à provoquer les souscriptions, affiches, prospectus, insertions dans les journaux, etc., devra porter comme les bulletins de souscription une série d'énonciations propres à renseigner les souscripteurs sur les conditions exactes dans lesquelles se fonde la Société; c'est là une des vraies mesures de protection dues au public.

Le projet de la Commission tranchait, conformément à la jurisprudence suivie jusqu'à ce jour, la question de savoir si les promesses d'actions étaient transmissibles après le versement du quart et avant la constitution définitive de la Société. La cession interdite par voies commerciales et par négociation sous les formes spéciales aux valeurs de bourse, était loisible par les moyens civils. Le Sénat proscrit par l'article 5 toute cession de quelque nature qu'elle soit. La spéculation doit être, avec raison, écartée des promesses d'action; mais il nous paraît excessif et injustifié de déroger ainsi, par une interdiction absolue, aux principes du droit commun. (Art. 1689, C. C.)

Si on ne peut regretter de voir disparaître avec l'ancien article 5 de la loi de 1867 les obscurités, les anomalies et les controverses en résultant, nous ne saurions approuver la simplification radicale qu'apporte dans la matière le § 2 de l'article 5 du projet.

Désormais, les actions devront rester nominatives jusqu'à leur entière libération.

Nous n'avons garde de méconnaître que les tiers contractant avec une Société ont pour garantie, non-seulement l'actif actuel de la Société, mais aussi le versement restant à effectuer sur les actions.

Aussi, bien que la cessibilité du titre indique que l'association n'a pas été faite en raison de la personne, nous comprendrions une disposition ayant pour effet d'assurer, d'une manière efficace, la libération totale de l'action, sans nuire à la création et au fonctionnement des Sociétés.

*

L'interdiction de la conversion au porteur avant libération
complète remplit-elle ces conditions, ou assure-t-elle efficace-
ment, tout au moins, le versement des sommes restant à payer
sur les actions?

Nous ne le pensons pas :

Le seul moyen d'atteindre le but que se propose le projet de
loi, le moyen de retenir dans la Société le souscripteur fondateur
pour l'astreindre à l'obligation de l'entier versement, serait le
retour à la loi de 1856, tenant ce souscripteur indéfiniment responsable du montant total des titres souscrits.

Du moment, en effet, que l'action est transmissible, le souscripteur de mauvaise foi pourra toujours, en cédant ses actions,
se substituer des cessionnaires insolvables : l'article 6 du projet
de loi astreint, il est vrai, le cédant à la garantie pendant deux
ans de la solvabilité du cessionnaire. Mais il n'est pas impossible, par des expédients, de maintenir une Société qui périclite
pendant un laps de temps aussi court, et le fondateur malhonnête,
visé par la loi, saura user de connivences et retarder la débâcle
jusqu'à la complète réalisation d'une aussi prompte prescription.

Y aurait-il enfin, un si grand avantage pour les tiers au retour
à la loi de 1856, tenant les souscripteurs pour indéfiniment responsables du montant total de l'action? De ce qu'un actionnaire
est nominativement désigné sur les registres d'une Société, il ne
s'ensuit pas qu'il soit et demeure solvable : la précaution pourrait
malgré tout rester vaine, et la meilleure garantie qu'auront toujours les tiers contractants avec une Société dont le capital ne
sera pas entièrement versé sera encore la prudence.

La conversion des actions au porteur avant complète libération est tenue en suspicion évidente par le législateur ; on voudra bien admettre cependant qu'il peut être imposé à une Société,
par la nature même de ses opérations, de n'utiliser qu'une partie
de son capital durant une période donnée, le complément en étant
réservé à un développement futur, possible ou certain.

Dans cette hypothèse, plus d'une fois déjà réalisée, et devant se
réaliser précisément lorsqu'il s'agira des plus grandes entreprises, la Société qui voudra dégager ses actions de l'entrave évidente de la forme nominative devra ou appeler en se fondant
l'entier capital, ou commencer l'entreprise avec des ressources
insuffisantes, pour demander par la suite à ses actionnaires un
accroissement de capital. Nous ne nous appesantirons pas sur les
inconvénients et les dangers de ces deux modes de procéder.

Qu'il nous soit toutefois permis de faire ressortir que plus l'entreprise sera considérable et devra coûter de longs efforts, plus la Société pourra désirer pour ses actions la forme au porteur, afin de prévenir ou neutraliser les effets du découragement des actionnaires. Une œuvre a beau avoir été rigoureusement étudiée, être sagement conduite, il se produit toujours, dans la période improductive des travaux d'établissement, des incidents qui lassent ou refroidissent certaines catégories d'actionnaires. Il est bon de pouvoir substituer d'une manière facile et rapide des porteurs plus hardis à ces associés timides.

Si la Société est forcée d'appeler à ses débuts l'entier capital, combien va lui être lourde et périlleuse une surabondance de fonds ? Ne sera-t-elle pas tentée, pour éviter des pertes d'intérêt, de se détourner de son objet principal, pour chercher un placement rémunérateur dans des opérations parfois hasardeuses ?

Si, au contraire, la Société s'est résignée à demander le vote d'accroissement de capital en cours d'exécution de l'entreprise sera-t-elle certaine de triompher de la lassitude des actionnaires et des manœuvres tendant à la dépouiller des bénéfices futurs de l'œuvre inachevée ?

Ainsi donc, la forme nominative imposée jusqu'à libération complète gêne considérablement la fondation et le fonctionnement des Sociétés, et elle n'assure pas en compensation, d'une manière efficace, les versements complémentaires à effectuer sur les actions. Quoi qu'on fasse, on ne fera pas disparaître l'aléa attaché en définitive à toute créance chirographaire.

Observons du reste, à ce propos, que si le créancier d'une Société, personnalité abstraite, est privé de la garantie morale que lui offrirait un débiteur individuel, il trouve par contre dans la publicité entourant la création de la Société, dans ses assemblées, publications de bilans, rapports des commissaires, des éléments de surveillance et d'investigation, dont est généralement privé le créancier d'un débiteur ordinaire.

En conséquence, nous voudrions voir les Sociétés conserver leur liberté d'allures par la conversion facultative de leurs actions au porteur après libération de moitié ; le porteur au moment de la conversion, les cessionnaires intermédiaires et le porteur actuel restant tenus tous ensemble à l'obligation des versements complémentaires pendant deux ans à partir de la conversion. Il serait bien entendu que même après ce délai, le porteur actuel serait toujours responsable des versements à effectuer.

En autorisant par le § 1er de l'article 4 la stipulation d'avantages particuliers au profit de l'associé faisant un rapport ne consistant pas en numéraire, la loi de 1867 reconnaissait implicitement la création des actions soit de fondation, soit de prime ; mais la jurisprudence paraissait indécise sur le point de savoir si, dans le cas où ces actions étaient émises libérées partie en numéraire partie contre apport en nature, le versement du quart devait être fait par la valeur totale de l'action ; la partie correspondante aux apports ne pouvant s'imputer sur le premier versement.

Le projet du gouvernement autorisait explicitement la représentation des apports en nature par l'émission d'actions libérées en totalité ou en partie. Dans ce dernier cas, les apports pouvaient servir à la libération partielle des actions et être imputés, soit sur le versement du premier quart, soit sur les versements ultérieurs.

La Commission du Sénat et le Sénat lui-même n'ont pas adopté ces dispositions ; les apports en nature ne pourront être représentés que par des actions libérées en totalité. De plus, ces actions, frappées d'un timbre, ne pourront être détachées de la souche et être négociables que deux ans après la constitution définitive de la Société.

Il y aurait, à notre avis, tout avantage à autoriser la création d'actions de fondateurs libérées en partie, ce qui lierait les intérêts du fondateur restant associé à ceux de la Société.

Vouloir immobiliser les actions de fondateur pendant deux ans nous paraît inacceptable. Un industriel peut avoir une industrie florissante tout en étant grevé de charges contractées précisément pour son développement ; il convient de lui permettre de se libérer par la cession de ses actions représentatives de l'apport, dès la vente de son industrie ; sans cela, il restera à la merci de ses créanciers. Le législateur se préoccupe uniquement du danger d'une majoration possible de l'apport ; les articles suivants suffisent pourtant à l'empêcher.

Les parts de fondateur admises dans la pratique sont reconnues par l'article 8 du projet, qui, sans leur affecter un nom spécial, déclare que les avantages consentis aux fondateurs pourront être représentés par des titres négociables donnant lieu seulement à une part dans les bénéfices.

Sous l'empire de la loi de 1867, la Société était constituée après réunion de l'assemblée générale, chargée de constater la souscription du capital et le versement du quart. L'article 9 du projet ne se contente plus d'une simple constatation. L'assemblée devra vérifier « la sincérité de l'acte constatant la souscription du capital. A la demande du quart des actionnaires présents, la sincérité de la déclaration des fondateurs est soumise à l'appréciation d'un ou trois experts nommés par le président du tribunal de commerce du lieu où le montant des versements a été déposé. »

Partisans de toutes les mesures de contrôle, nous voyons avec plaisir la vérification de la sincérité de l'acte remplacer la simple constatation de son existence. Nous réclamerons même plus : une assemblée ne pouvant se livrer à une telle investigation, il devrait être permis à tous les souscripteurs de vérifier, hors séance, la sincérité de l'acte, qui devrait être encore obligatoirement vérifié par des commissaires nommés par l'Assemblée.

Nous disions tout à l'heure que la majoration des apports en nature serait suffisamment empêchée ; nous faisions allusion à l'article 11 du projet donnant la faculté à l'assemblée, à la demande du quart des actionnaires présents, de faire procéder à la vérification des apports et après le rapport des commissaires concernant ces apports, par un ou trois experts désignés contradictoirement avec un délégué des réclamants par le président du tribunal de commerce du lieu du siège social.

Nous approuverons moins la disposition de ce même article, « permettant à l'assemblée générale d'accepter une réduction sur les avantages particuliers stipulés, ou la valeur des apports en nature. »

Il est certainement regrettable de voir se perdre de longs efforts, et les frais considérables dépensés pour arriver à la constitution de la Société, si l'assemblée conteste la valeur des apports ; mais les fondateurs ne peuvent s'en prendre qu'à eux-mêmes de ce fâcheux résultat, amené par leurs prétentions exagérées. La loi, dans ce cas, n'a pas à leur venir en aide. Ce n'est pas, nous le savons bien, aux fondateurs de cette catégorie que le projet de loi s'intéresse ; pour les autres, pourtant, pour ceux de bonne foi, la disposition, loin d'être protectrice, se trouvera dangereuse : elle les exposera à des cabales, à d'injustes exigences, et finalement à des concessions préjudiciables. Dans la prévision de rabais à consentir, l'exagération deviendra la règle. Le projet, si sévère d'ailleurs, à l'encontre des Sociétés et de leurs fondateurs, nous semble ne pas exiger ici de leur part un assez grand respect des conventions. Il est anormal de maintenir des engagements résultant d'un contrat dont les bases sont changées. J'ai souscrit en vue d'un apport d'une valeur déterminée ; si la valeur se trouve inférieure à celle annoncée, le lien de droit n'existe plus, et je me trouve dégagé. Si la faculté de réduire les apports paraissait devoir être conservée, nous demanderions, tout au moins, qu'il fût permis à tout souscripteur de retirer sa souscription. Afin de prévenir l'entraînement et la passion, la constitution de la Société devrait être renvoyée à une assemblée générale ultérieure.

Les mesures de publicité, de surveillance et de contrôle adoptées préviennent la fraude dans la constitution des Sociétés formées par des souscripteurs étrangers concurremment avec les fondateurs ; mais la tromperie pourrait se donner libre carrière si la Société était formée uniquement entre les propriétaires de l'apport ; dans ce cas, pas de vérification ni d'approbation d'apports, puisqu'il n'y a pas de souscripteurs étrangers. Sept copropriétaires d'une chose déterminent sans contrôle la valeur de leur apport, organisent la Société, la font fonctionner, puis lancent l'affaire dans le public, le plus souvent avec prime. La triste expérience de ces dernières années montre que ce moyen d'éluder les dispositions de l'article 4 de la loi de 1867 a été souvent pratiqué. Il fallait donc prévenir cette possibilité de tourner la loi. L'article 13', amendé par le Sénat, y parviendra-t-il ? Nous en doutons. Il porte : « Dans toutes les Sociétés par actions dans lesquelles il est fait des apports en nature, le capital à souscrire en numéraire devra être d'un dixième au moins de la valeur donnée aux apports. » Ce dixième pourra être fourni par les fondateurs ; la situation restera la même. Les dispositions de l'article 7, que nous avons critiquées alors qu'il s'agissait de fonder une Société par souscription publique, accessible à tous, nous paraîtraient trouver ici leur application. Les actions représentatives d'apport devraient n'être négociables, dans ce cas spécial, que deux ans après la constitution de la Société, comme le proposait le projet du Gouvernement.

La disposition de la loi de 1867, touchant les administrateurs et les commissaires des Sociétés, sont reproduites par le projet de loi, articles 15 à 18, avec ces innovations : « Les administrateurs sont toujours révocables ; leur acceptation est constatée dans le procès-verbal de l'Assemblée qui les nomme ou par un acte notarié. Les commissaires doivent vérifier si toutes les dispositions relatives à la constitution de la Société ont été observées, et au cas de leur inobservation, convoquer à bref délai la réunion d'une assemblée générale. La réunion de l'assemblée générale sera obligatoire toute les fois qu'elle sera demandée par des actionnaires représentant la moitié du capital. »

De toutes les modifications restrictives à la loi de 1867 contenues dans le projet, il n'en sera pas de plus préjudiciable aux Sociétés que celle formulée par l'article 23. En vertu de cet article, l'assemblée générale ne pourra modifier les statuts que si la modification est autorisée par les statuts.

Ainsi donc, si les vicissitudes de la vie industrielle nécessitent un changement quelconque de fond ou de forme dans le pacte fondamental ; si, par exemple, une Société a été fondée pour exploiter un procédé de fabrication particulière, et que la découverte d'un procédé différent vienne plus tard rendre plus économique la même fabrication, force sera à la Société qui n'aura pas prévu une modification à apporter aux statuts de travailler toujours avec l'ancien système, au grand préjudice des actionnaires et des tiers, tant qu'elle n'aura pu réunir l'adhésion unanime des actionnaires.

Bien plus, les statuts autoriseraient-ils une modification future, l'assemblée générale ne pourra encore, à moins d'avoir prévu spécialement chaque cas :

1º Augmenter ou diminuer le chiffre du capital social ;

2º Prolonger ou réduire la durée de la Société;

3º Changer la quotité de la perte qui rend la dissolution obligatoire;

4º Décider la fusion avec une autre Société ;

5º Modifier le partage des bénéfices.

Parce que les statuts, quoique contenant l'autorisation d'une modification éventuelle, n'auront pas prévu la réduction possible de la durée de la Société, faudra-t-il, si les événements exigent une dissolution autorisée, continuer des opérations ruineuses ?

On nous accordera, en effet, que la faculté de changer les statuts sur le vote unanime de tous les actionnaires de la Société équivaudra généralement à une impossibilité, et que, pourrait-on réunir tous les actionnaires, un seul d'entre eux, intéressé à la ruine de la Société, pourra mettre obstacle aux mesures de salut adoptées par tous les autres.

Tout le monde admet que les clauses fondamentales des statuts ne peuvent être changées sur l'adhésion unanime de tous les sociétaires : qu'il ne doit pas être possible, par exemple, à une

Société fondée en vue d'exploiter un chemin de fer, de se transformer en Société de crédit; le dernier paragraphe de l'article 23 du projet portant : « Dans aucun cas, l'assemblée générale ne peut changer l'objet essentiel de la Société » suffit à assurer le maintien des conventions fondamentales. Aussi, demanderons-nous le retour aux dispositions de l'article 31 de la loi de 1867, autorisant les modifications de statuts votées par les assemblées extraordinaires représentant la moitié au moins du capital social. Il n'y aurait pas d'inconvénient à exiger la représentation des deux tiers du capital, si celle de la moitié paraît insuffisante.

Nous désirons le rejet des deux premiers paragraphes de l'article 23 du projet, tout à la fois, pour restituer aux Sociétés des conditions d'existence indispensables et pour prévenir l'usage, qui deviendrait général, d'insérer dans les statuts tous les motifs possibles de modifications, d'où surgirait la tentation d'apporter dans les Sociétés, des changements qu'on n'oserait provoquer s'ils ne se trouvaient déjà prévus.

C'est à juste raison que le législateur a toujours prohibé la distribution de dividendes fictifs. Mais, faut-il considérer comme tels l'intérêt payé à l'action sur le capital de la Société, alors que celle-ci est encore dans la période improductive de recherches ou de travaux ? Jusqu'ici, malgré le silence de la loi, il avait paru licite d'adopter cette combinaison quand elle était commandée tant par la nécessité de l'actionnaire que par la nature des entreprises. L'article 29 du projet la consacre officiellement et, pour prévenir les abus, édicte que le taux des intérêts ne pourra, dans ce cas, être supérieur à 5 %, que ce prélèvement sera rigoureusement limité à la période de premier établissement, et qu'enfin cette clause des statuts sera rendue publique.

L'article 31 sera également bien vu du public : il tranche une question controversée et fait incomber surtout aux Sociétés elles-mêmes la surveillance des titres remboursables par suite d'un tirage au sort : lorsqu'elles auront continué à payer les intérêts ou dividendes de ces titres, elles ne pourront en répéter le montant, quand les titres seront présentés au remboursement.

En revisant la loi de 1867, le projet ne pouvait ne pas résoudre définitivement une question autrement importante que la précédente pour les intérêts généraux. Nous voulons parler de l'achat de leurs propres actions par les Sociétés, opération à laquelle on a attribué des événements dont vous n'avez pas perdu le pénible souvenir.

Le projet du gouvernement nous paraît avoir sagement distingué les opérations licites de la spéculation organisée au détriment et pour l'exploitation du public. Qu'une Société, se détournant des opérations en vue desquelles elle est fondée, se livre à l'achat et à la revente de ses propres actions, hors la connaissance du public, c'est un agiotage qui doit être prohibé; mais empêcher une Société prospère de faire emploi de ses ressources inutilisées en achetant ses propres actions, n'est-ce pas aller trop loin et interdire une opération loyale envers le public, avantageuse pour la Société, dans la crainte des abus? Ne peut-il se faire qu'une Société trouve avantage à placer ses réserves sur ses propres titres, plutôt que sur des valeurs similaires étant loin de lui offrir la même sécurité? Le projet du gouvernement conciliait ces intérêts, en autorisant le rachat par la Société de ses propres actions, lorsque ce rachat porterait sur des actions libérées, et se ferait avec l'autorisation de l'assemblée générale, au moyen de bénéfices en dehors de la réserve statutaire. Sous ces conditions, il n'était pas interdit à la seule Société d'acquérir une chose accessible à tous. Le Sénat, sacrifiant encore l'intérêt des Sociétés à la crainte des abus, a repoussé cette disposition; le rachat pourra seulement être effectué lorsqu'il sera fait pour un amortissement prévu par les statuts, et lorsque, le faisant avec une portion du capital social, toutes les conditions et formalités prescrites pour la réduction de ce capital auront été remplies.

Nous n'entrerons pas dans le détail des nullités frappant les Sociétés constituées contrairement aux dispositions du projet de loi : elles sont fréquentes et prononcées avec une rigueur qui ira à l'encontre des intérêts du public et des Sociétés qu'elles prétendent également protéger. Parmi toutes ces nullités, il en est concernant des actes de forme plus que de fond n'ayant pas été commis en vue de la fraude, et qui pourraient être couvertes ultérieurement dès l'accomplissement des formalités omises. Telles sont celles prononcées : pour la non constatation des souscriptions et des versements par acte notarié; pour l'omission, par l'assemblée générale, de la constatation de l'existence de la souscription du versement du quart, la non vérification et l'approbation des apports. Les formalités prescrites pour la publication et le dépôt des statuts ou leur modification pourraient être aussi remplies, dès que leur omission aurait été constatée, sans que cette omission donnât lieu à une nullité irrémédiable.

L'insertion dans les statuts de certaines clauses contraires aux dispositions de la loi devrait aussi, conformément aux règles du droit commun, être tenue pour nulle et de nul effet, sans entraîner encore la nullité de la Société, surtout si ces clauses n'ont pas été mises à exécution.

Citons, comme exemple, la disposition contraire à l'article 14, que les administrateurs seraient nommés pour toute la durée de la Société, celle qu'ils ne pourront être révoqués, contrairement aux prescriptions de l'article 15.

Nous voudrions d'autant plus voir réserver la nullité à l'omission des actes essentiels viciant les Sociétés dans leur principe, ou à l'omission d'actes quelconques faite sciemment dans un but de fraude, que l'article 42 rend solidairement responsables les fondateurs du dommage résultant de l'annulation. Nous accepterons toutes les rigueurs de la loi à l'encontre des fondateurs de mauvaise foi ou imprudents; mais faut-il encore, pour que la loi frappe, qu'il y ait eu intention de fraude ou dommage. Une assemblée générale aura omis de constater l'existence de la souscription et du versement du quart; cas de nullité, et, par suite, responsabilité solidaire des fondateurs, et pourtant, si en dépit de la non constatation la souscription a eu lieu, et si le versement du quart a été effectué, où est la fraude et le préjudice? La Société n'en sera pas moins annulée, et les fondateurs deviendront responsables du dommage résultant de l'annulation, soit pour les tiers, soit pour les actionnaires.

Les causes de nullité étant plus équitablement réparties, l'article 42 aurait toute notre approbation, de même que l'article 43, en vertu duquel l'action en nullité et celle en responsabilité en résultant ne sont plus recevables trois ans après le jour où la nullité a été encourue, lorsque avant l'introduction de la demande la cause de nullité a cessé d'exister.

Nous signalerons aussi, comme contenant des dispositions utilement protectrices, l'article 44 prescrivant que dans le cas de mise en vente publique d'actions non ordonnée par justice, les affiches, prospectus, insertions dans les journaux, circulaires, ainsi que les bulletins de souscription ou d'achat devront contenir les énonciations prévues en l'article 4, et, en outre, la date de l'assemblée constitutive de la Société, ou, si le capital a été augmenté, la date de l'assemblée générale qui a voté cette augmentation, et le montant par action, de la somme restant à verser.

Les nullités et les responsabilités ne sont pas le seul châtiment

réservé aux violateurs des dispositions de la loi; nous dirons
quelques mots, en finissant, des dispositions pénales contenues
au titre VIII : nous devons auparavant signaler à votre attention
les titres IV et V, qui constituent à nos yeux une innovation pratique dont il est permis d'attendre les meilleurs effets.

Le titre IV s'occupe de la publicité à donner aux actes et délibérations des Sociétés par actions. Les articles 55 et suivants de
la loi de 1867 sont conservés. Comme il est difficile et même
impossible à la majeure partie des actionnaires disséminés de
toutes parts de prendre connaissance de pièces déposées aux gref-
fes du lieu de la Société, le projet de loi édicte la création d'un
Recueil officiel, unique pour tout le pays, où seront obligatoirement insérés les actes et délibérations constitutifs ou modificatifs
des Sociétés : tout actionnaire aura dès lors la facilité de se renseigner sur les conditions de l'association; tous ne le feront pas,
mais tous le pourront : on ne saurait mieux protéger le public
qu'en lui fournissant le moyen, simple et complet, de s'éclairer,
et par là, de se protéger lui-même.

Le titre V est consacré aux dispositions relatives aux obligations. L'obligataire est un créancier ordinaire, et a pour sa
défense tous les moyens de droit commun. En fait, ces moyens
sont illusoires si on considère son isolement. Et si le porteur
d'obligations a toujours eu la possibilité légale de poursuivre ses
revendications, il a été jusqu'ici privé des moyens faciles et effi-
caces de surveiller ses intérêts. C'est une lacune que comble le
projet dans une série de mesures excellentes.

L'émission des obligations sera donc soumise à toutes les conditions de publicité requises pour l'émission des actions. Le droit
de réunion est reconnu aux obligataires qui pourront plaider par
procureur s'ils représentent le vingtième du capital formé par
leur série d'obligation. Ils pourront encore avoir des assemblées
générales et des commissaires : ceux-ci auront le droit d'assister
à toutes les assemblées générales des actionnaires sans participer
ni aux discussions ni au vote. Les commissaires auront qualité
pour provoquer et consentir, au nom des obligataires, tous actes
relatifs aux sûretés concédées; ils devront surveiller l'emploi
des fonds empruntés, si la destination des fonds a été indiquée
lors de l'émission des obligations, et si une sûreté particulière
doit résulter de leur emploi.

Nous adresserons un seul reproche à cette nouvelle législation
sur les obligations : celui de limiter à 3 % au moins l'intérêt des

obligations remboursables, par voie de tirage au sort, à un taux supérieur au prix d'émission. Ce n'est pas au moment où l'abolition du taux légal en matière commerciale va donner aux capitaux le droit de se placer au taux déterminé par le plus ou moins grand aléa à subir, qu'on devrait établir un minimum fixe d'intérêt pour toutes les obligations indistinctement.

Le projet a pour objectif de prévenir l'émission déguisée de billets de loterie. Ce délit, s'il se produit, sera du ressort des tribunaux, auxquels incombera le soin d'apprécier où finit le placement et où commence la loterie; la loterie pouvant exister aussi bien par l'exagération de la prime de remboursement, que par l'abaissement excessif de l'intérêt du titre.

Il n'y a pas à nous arrêter aux articles du projet concernant les Sociétés en commandite par actions, les dispositions principales régissant les Sociétés anonymes leur étant applicables. Nous n'avons pas à parler également des Sociétés d'assurances et des tontines, qui resteront soumises à leurs règles spéciales.

Les Sociétés civiles seront astreintes à toutes les conditions, nullités, responsabilités et pénalités entraînées par la forme anonyme ou de la commandite qu'elles peuvent revêtir.

Le titre VII du projet est consacré aux Sociétés étrangères et abroge la loi du 30 mai 1857.

Une Société étrangère ne pourra exercer en France les droits accordés aux étrangers que si, constituée conformément à la loi de son pays, les Sociétés de son pays ont été autorisées à exercer tous leurs droits et à ester en justice en France.

Elle sera soumise à toutes les formalités exigées des Sociétés françaises.

Il ne peut y avoir de dissentiment sur ce dernier point, et nous réservons nos critiques à la première disposition, bien faite pour entraver les relations internationales qu'on s'efforce tant, d'autre part, de développer : elle serait excusable si les Sociétés étrangères pénétraient en France dans le but exclusif d'émissions de valeurs, et si elles ne devaient jamais contracter avec nos nationaux pour des faits ordinaires de commerce. Il y aurait là, tout au moins, une distinction à établir.

Il nous reste à parler brièvement des dispositions pénales qui font l'objet du titre VIII. Nous ne les énumèrerons pas; disons seulement qu'elles ont le tort de ne pas distinguer la bonne de la mauvaise foi, le préjudice causé, de l'erreur et de l'omission sans conséquences préjudiciables. Le fait matériel seul constituera le délit même, en l'absence de l'intention délictueuse. L'amende, l'emprisonnement seront justement réservés au dol et à la fraude, et nous voudrions voir la faute légère, exempte de peines correctionnelles, même mitigées par l'adoption des circonstances atténuantes : elle sera suffisamment punie par l'action en responsabilité à laquelle elle donne lieu.

Le projet crée enfin des complicités par trop étendues et mal définies. Ainsi, si l'émission, la délivrance, est punie à bon droit, la négociation des actions d'une Société qui n'a pas rempli les formalités prescrites pour l'augmentation du capital ne devrait pas être punie, à moins de connivence établie avec les vendeurs. L'intermédiaire ne peut être équitablement tenu de s'assurer de l'accomplissement de ces formalités. Les peines édictées pour « émission ou négociation, en France, de titres d'une Société étrangère, contraires aux dispositions de la loi », s'appliquent à toute participation à ces opérations. Le terme est trop vague : il pourrait s'étendre au payement de ces titres pour compte d'autrui, fait par un tiers qui ignorerait leur nature.

Nous voulons espérer que le législateur amendera notablement ces dispositions pénales si rigoureuses, parfois si peu équitables, dont l'effet sera de faire le vide tout autour, comme dans l'administration des Sociétés. L'homme honorable, soucieux de son honneur et de son repos, se défendra de participer à une gestion qui, au péril inhérent à toute affaire, joindra le danger encore plus redoutable de la flétrissure.

Est-ce là le but qu'on se propose ? Convient-il de réserver ainsi l'administration des Sociétés aux aventureux, aux inconscients, à ceux toujours prêts à troquer leur honneur contre le profit ?

Nous demandons, en conséquence, que les tribunaux, dans la poursuite des délits, aient la faculté de discerner l'intention; qu'ils ne soient pas tenus d'appliquer les peines, qu'ils puissent seulement les infliger.

Le Sénat, sans donner un effet rétroactif à la nouvelle loi, en a rendu certaines dispositions applicables aux Sociétés déjà existantes. Le délai de six mois qui leur est imparti pour s'y soumettre pourrait être étendu sans inconvénient.

Lorsqu'une œuvre a été préparée, étudiée et menée à bonne fin par les autorités citées au début de ce travail, il peut y avoir plus que de la témérité de la part d'hommes aussi étrangers que nous à la science juridique à ne l'accueillir que sous de nombreuses réserves. Et pourtant, puisque nous sommes requis de dire toute

notre pensée, si nous voyons avec plaisir certaines heureuses
innovations et les diverses améliorations qu'apporte le projet de
loi, nous ne saurions approuver l'esprit qui s'en dégage.

Bien que tous ses auteurs s'en défendent, la loi nouvelle accuse
une réaction sensible, eu égard à la législation et à la jurisprudence antérieures. C'est qu'à l'engouement irréfléchi du public
pour les Sociétés a succédé une défaveur imméritée, et qu'il est
difficile, nous le reconnaissons, de se soustraire à un courant
d'opinion nettement dessiné, surtout s'il semble s'inspirer des
sentiments de haute moralité. Toutefois, le législateur n'a pas à
se laisser influencer par les fluctuations de l'opinion. Ayant le
devoir de poursuivre et de prévenir d'abord l'injuste, il doit bien
accommoder les lois aux nécessités du jour; mais l'émotion d'événements récents ne doit pas lui faire perdre de vue que l'abus
n'est pas toujours la mesure de l'institution, et que les passions
humaines savent, à certaines heures, déjouer les lois, même les
plus restrictives. Il serait regrettable, sous prétexte de danger,
d'amoindrir une force utile, quand il suffit pour se préserver de
ses écarts de faire bonne garde autour d'elle.

Nous ne sommes pas de ceux qui souhaiteraient les Sociétés
commerciales par actions placées sans coup férir sous le régime
du droit commun; mais nous estimons que tous les efforts doivent tendre à diriger progressivement la législation vers ce but.
Les conditions économiques dans lesquelles semble entrer de
plus en plus la vie commerciale et industrielle ne permettent pas
de toucher à ce fécond principe d'association et de liberté qui
doit rester intact, en dépit d'entraînements funestes dont notre
temps, d'ailleurs, n'a pas été le seul témoin.

Dans l'introduction de son rapport, M. le rapporteur de la
Commission sénatoriale, indiquant les deux systèmes qui divisent
ceux qui s'occupent des Sociétés : le retour à l'anonymat autorisé
et l'établissement du régime de la liberté complète des conventions, expose ainsi l'esprit du projet de loi proposé :

« A l'exemple du législateur de 1867, l'auteur de la loi nou-
« velle a répudié ces deux systèmes. Sans vouloir faire un pas en
« arrière, il n'a pas voulu en faire un trop grand en avant : se
« bornant à risquer des réformes, il n'a pas voulu risquer des
« aventures. »

Nous n'aurions qu'à l'approuver sans restriction, s'il n'ajoutait,
s'appropriant les paroles du rapporteur de la loi de 1867 :

« L'expérience enseigne qu'attirés par un prospectus, les

« actionnaires souscrivent, et que du pacte social ils connaissent
« une seule chose, le bulletin de souscription au pied duquel ils
« apposent leur signature ». M. le Rapporteur dit ensuite : « Ce
qui était vrai en 1867 n'a pas cessé de l'être en 1884, ni les
« hommes ni les choses n'ont changé. Bien que près de vingt
« années se soient écoulées depuis cette époque, les actionnaires
« n'ont pas encore atteint l'âge de majorité; la plupart sont
« encore mineurs; à ce titre, ils ont droit à la tutelle du législa-
« teur ; ils ont besoin de la protection de la loi. »

On peut s'étonner qu'ayant une telle idée de l'actionnaire, le
projet de loi « risque des réformes », et ne propose pas simple-
ment le retour à l'autorisation préalable. On peut être aussi sur-
pris de voir le Français, reconnu apte à l'exercice souverain des
droits politiques, tenu pour quasi-incapable dans la conduite de
ses intérêts privés les plus directs.

A notre sens, il suffit sans discuter les théories, de se demander si la loi nouvelle doit être une loi de suspicion contre les
Sociétés, édictée principalement dans l'intérêt de la masse des
capitalistes réputés crédules, ou s'il convient d'en faire une œuvre
de développement de nos forces commerciales et industrielles,
entourée de légitimes garanties en faveur du public.

Dans le premier cas, si le public est fatalement voué à la fraude,
le mieux serait le retour à l'autorisation préalable, à cette organisation sous l'œil vigilant de l'Etat, de Sociétés peu nombreuses,
convenant surtout aux entreprises d'intérêt général, possédant,
dans leur objet même, un gage certain de succès : régime que
nous repoussons, parce qu'il ne tient pas compte des exigences
industrielles et commerciales actuelles, et qu'il placera de plus
aujourd'hui les Sociétés sous la tutelle de l'Etat, pour, dans un
avenir peu éloigné, les mettre peut-être dans sa main.

Si l'on croit, au contraire, qu'à côté des entreprises d'intérêt
général, s'accommodant du contrôle de l'Etat, il est des foyers
d'activité industrielle réclamant la constitution de Sociétés
libres, anonymes ou en commandites par actions; si, comme
nous en sommes convaincus, la transformation économique de
ces dernières années paraît, dans bien des cas, nécessiter l'association des capitaux, plus puissante, plus hardie, disons le mot,
plus aventureuse que l'effort individuel, on doit souhaiter de
voir la nouvelle loi favoriser les créations des Sociétés au lieu de
les restreindre.

Ce n'est pas que nous prétendions sacrifier l'actionnaire à

l'expansion des affaires : nous comprenons, certes, et nous approuvons de toutes nos forces l'organisation d'une protection efficace en faveur du public. Nous disons protection et non tutelle ; car, à vrai dire, dans les récentes catastrophes dont le souvenir impressionne le projet de loi, nous ne voyons pas seulement l'incapacité ou la naïveté se trahir chez les victimes ; il y a eu d'autres facteurs dans ces ruines : l'appétit d'un lucre excessif, le désir de profiter sans travail ni responsabilité des efforts d'autrui, la passion du jeu, ont entraîné le public, tout autant que les promesses fallacieuses, et font peser sur lui une large part de responsabilité. La tutelle gouvernementale sera impuissante à corriger ces mœurs ; les prohibitions minutieuses ne les détruiront pas : elles ne nécessitent que la répression impartiale.

Nous désirons donc des lois fortes contre la fraude, préventives des pièges dressés par la mauvaise foi. Atteignez les coupables, chargez de responsabilités les négligents, déjouez les habiles, et nous approuverons sans réserve, pourvu que vous rendiez possible, pratiquement, une forme d'association favorable à l'essor de notre commerce et de nos industries. On n'atteindra pas ce résultat en multipliant les obstacles autour des Sociétés, en les enserrant dans de multiples formalités, et surtout en écartant, par la crainte de pénalités disproportionnées, les hommes honorables de leur administration.

Résumant les observations que nous venons de vous soumettre, votre Commission vous propose d'émettre le vœu :

Que la loi sur les Sociétés soit conçue dans un esprit plus large que celui qui inspire le projet.

Quo, notamment :

La cession des promesses d'actions après le versement du quart et avant la constitution définitive de la Société soit autorisée par les moyens civils ;

La faculté soit maintenue de convertir les actions au porteur après versement de moitié de leur montant, si les statuts l'autorisent, et après délibération de l'assemblée générale ;

Il soit permis d'émettre en représentation d'apports en nature des actions libérées en totalité ou en partie : les apports pouvant servir à la libération partielle des actions et être imputés soit sur le versement du premier quart, soit sur les versements ultérieurs ;

La sincérité de l'acte constatant la souscription du capital soit soumise à la vérification facultative de tous les souscripteurs et obligatoire de commissaires nommés dans une première assemblée ;

La Société ne puisse être constituée sur réduction de valeur des apports en nature, dans la même assemblée générale qui n'aurait pas accepté la valeur première de ces apports : la valeur réduite des apports devant être acceptée par une assemblée générale ultérieure, avant laquelle tout souscripteur pourra retirer sa souscription ;

La faculté de modifier les statuts de la Société soit maintenue aux assemblées générales extraordinaires représentant la moitié ou même les deux tiers du capital social ;

Les actes ou omissions de forme commis de bonne foi n'entraînent pas la nullité des Sociétés ;

Les clauses contraires à la loi insérées dans les statuts, surtout si elles n'ont pas été mises à exécution, soient tenues pour nulles et de nul effet, sans entraîner la nullité des Sociétés ;

Dans le cas où une Société dans laquelle sont faits des apports en nature est formée entre les propriétaires de ces apports, les actions émises en représentation de ces derniers ne soient négociables que deux ans après la formation de la Société ;

Les droits accordés en France aux étrangers ne soient pas refusés aux Sociétés étrangères pour toutes leurs opérations indistinctement, en dehors de l'autorisation du gouvernement ;

Le chapitre des dispositions pénales soit revisé : que les contraventions à la loi commises de bonne foi ne soient pas frappées de peines correctionnelles.

Le Rapporteur,   *Le Président,*

Jean MONTANO.   COURTOIS DE VIÇOSE.

La Chambre a donné son entière approbation au Rapport qui précède et a décidé qu'il serait imprimé et adressé à M. le Ministre du Commerce et de l'Industrie, ainsi qu'à toutes les Chambres de Commerce.

Toulouse, imprimerie DOULADOURE-PRIVAT, rue Saint-Rome, 39. — 1771

www.ingramcontent.com/pod-product-compliance
Lightning Source LLC
Chambersburg PA
CBHW060516200326
41520CB00017B/5067